ExLibris

ISBN 978-3-8157-7052-8

Textsatz: Thomas Wolters, Inter[net]litho
Printed in Germany

www.coppenrath.de

Erhard Dietl

Das Leben ist ein Traum

Eine Geschichte, d

COPPENRATH

Der Tag fängt ja schon gut an, dachte ich.

Und es kam noch schlimmer …

Mein Wecker hatte nicht geklingelt.
Ich hatte verschlafen.

Mein Spiegelbild erkannte mich nicht mehr …

… meine Katze hatte Haarausfall …

… und mein Fahrrad einen Platten.

Also nahm ich den Bus.

H

Hier roch es nach ungewaschenen T-Shirts,
Angst und Achselschweiß,
und als der Mensch neben mir gähnte,
wurde mir schlecht.

Ich lief das letzte Stück zu Fuß.

Im Büro war es wie immer.
Meine Chefin hatte ihre Tage,
135 unbearbeitete E-Mails warteten auf mich
und mir war immer noch schlecht.

AUS
EIN

Das Meeting war wieder mal zäh,
und als ich begann, meine Kollegen zu hassen,
musste ich mir Kaffee auf die Hose schütten,
um mal kurz rauszukommen.

Nach der Arbeit ging ich zu Leonardo,
meinem Lieblings-Italiener.

CHIUSO

Dort setzte ich mich auf den Rinnstein
und dachte über mein Leben nach.

Ich dachte an meine Ex-Frauen,
an meinen Vermieter,
an meine Bürostauballergie
und an all die Bücher,
die ich schon allein aus Zeitmangel
nie im Leben würde lesen können.

Ich dachte an die Shaolin-Mönche
und an den indischen Guru, der es schaffte,
seinen linken Arm jahrelang
senkrecht nach oben zu halten.
In diesem Moment klingelte mein Handy.

Es war mein Schutzengel.
Er riet mir:
„Hör auf zu grübeln,
achte auf deinen Atem,
schränk das Rauchen ein,
finde deine Mitte
und eröffne einen Würstelstand!“

Das mit dem Würstelstand gefiel mir.
Der Gedanke beflügelte mich.

Ich schwebte die Straße entlang,
so leicht wie eine Feder.

Als ich um die Ecke bog,
schwebte ich direkt in Rita hinein.
Ihre Einkaufstüte riss und die Tomaten
und Zwiebeln kullerten über den Gehsteig.
Wir strahlten uns an
und verabredeten uns zum Abendessen.

Der Abend fängt ja schon gut an, dachte ich …

und deshalb lade ich Dich
zu einem gemütlichen Abend
(nicht zu Hause) ein.
Ich liebe Dich und möchte immer
Deine „Rita“ sein. Deine
Kedhi

In der gleichen Reihe erschienen:

Angelika Theis · Gernot Gunga
Glück braucht keine Worte
Eine Liebesgeschichte
ISBN 978-3-8157-3456-8

Ulrike Kaup · Kathrin Jauer
Der kleine Herr Müller und das große Glück
ISBN 978-3-8157-4133-7

Gernot Gunga
Horsty & Gudrun
Ein verrücktes Paar!
ISBN 978-3-8157-7054-2

Katrin Oertel
Mein schönstes Geschenk bist du!
ISBN 978-3-8157-7115-0

Hans Kruppa · Catherine Ducloux
Friedo und Hermine
Eine wunderbare Freundschaft
ISBN 978-3-8157-7056-6